FONDAZIONE GIORGIO CINI
ISTITUTO ITALIANO ANTONIO VIVALDI

ANTONIO VIVALDI

Tremori al braccio e lagrime sul ciglio
CANTATA
PER SOPRANO E BASSO CONTINUO

RV 799

EDIZIONE CRITICA
A CURA DI
FRANCESCO DEGRADA

RICORDI

Casa Ricordi, Milano
© 2002 by **CASA RICORDI** - BMG RICORDI S.p.A.
Tutti i diritti riservati - All rights reserved
Anno 2002
Printed in Italy

PR 1360
ISMN M-041-91360-5

Prefazione generale

I criteri che guidano la nuova edizione critica delle opere di Antonio Vivaldi sono analiticamente esposti nelle Norme editoriali, *redatte a cura del Comitato Editoriale dell'Istituto Italiano Antonio Vivaldi. Se ne offre qui un estratto che descrive, nei termini indispensabili alla comprensione della partitura, la tecnica editoriale adottata.*

L'edizione si propone di presentare un testo il più possibile fedele alle intenzioni del compositore, così come sono ricostruibili sulla base delle fonti, alla luce della prassi di notazione contemporanea e delle coeve convenzioni esecutive.

La tecnica di edizione adottata per opere singole o gruppi di opere è illustrata nelle Note *critiche. Esse contengono di norma:*

1. *Una trattazione dell'origine e delle caratteristiche generali della composizione (o delle composizioni).*
2. *Un elenco delle fonti (comprese le fonti letterarie quando rivestano particolare importanza).*
3. *Una descrizione di tutte le fonti che il curatore ha collazionato o consultato, comprese le più importanti edizioni moderne.*
4. *Una relazione e una spiegazione relative alle scelte testuali derivanti dallo stato delle fonti e dalle loro reciproche relazioni e alle soluzioni adottate per composizioni particolarmente problematiche, non previste nella* Prefazione generale. *In particolare viene specificato quale fonte è usata come* fonte principale *dell'edizione, quale (o quali) sono state* collazionate, consultate *o* semplicemente elencate.
5. *Una discussione sulla prassi esecutiva relativa alla composizione o alle composizioni edite.*
6. *Un apparato critico dedicato alla lezione originale e alla sua interpretazione, contenente la registrazione di tutte le varianti rispetto alla fonte principale e alle fonti collazionate.*

Ogni intervento del curatore sul testo che vada al di là della pura traslitterazione della notazione antica o che non corrisponda a un preciso sistema di conversione grafica qui segnalato, viene menzionato nelle Note *critiche o evidenziato attraverso specifici segni:*

1. *Parentesi rotonde (per indicazioni espressive o esecutive mancanti nelle fonti e aggiunte per assimilazione orizzontale o verticale; per correzioni e aggiunte del curatore laddove nessuna delle fonti fornisce, a suo giudizio, un testo corretto).*
2. *Corpo tipografico minore (per l'integrazione del testo letterario incompleto o carente sotto la linea o le linee del canto; per le indicazioni « solo » e « tutti » aggiunte dal curatore; per la realizzazione del basso continuo per strumento a tastiera).*
3. *Linee tratteggiate* ⌒ *per legature di articolazione o di valore aggiunte dal curatore.*
4. *Semiparentesi quadre* ⌐ ⌐ *per il testo musicale o letterario di un rigo derivato in modo esplicito (mediante abbreviazione) o implicito da un altro rigo.*

Non vengono di norma segnalati nell'edizione gli interventi del curatore nei casi seguenti:

I) *Quando viene aggiunta una legatura tra l'appoggiatura e la nota principale. Questa regola vale anche nel caso di gruppi di note con funzione di appoggiatura.*

II) *Quando segni di articolazione (per esempio punti di staccato) sono aggiunti a una serie di segni simili per assimilazione, sulla base di inequivocabili indicazioni della fonte.*

III) *Quando la punteggiatura viene corretta, normalizzata o modernizzata; lo stesso vale per l'ortografia e l'uso delle maiuscole.*

IV) *Quando abbreviazioni comunemente usate vengono sciolte.*

V) *Quando pause di un'intera battuta mancanti nella fonte vengono aggiunte, e non c'è alcun dubbio che una parte del testo musicale sia stata inavvertitamente omessa.*

VI) *Quando vengono introdotti dal curatore segni ritmici indicanti modalità di esecuzione.*

L'ordine delle parti strumentali nella partitura segue la prassi editoriale moderna.

La notazione trasposta dell'originale (per il violone, il flautino, il corno) viene mantenuta nell'edizione; nelle Note *critiche viene specificato l'intervallo di trasposizione dei singoli strumenti (con l'eccezione del violone). Parti in notazione di « bassetto » (violini, viole, clarinetti, chalumeaux, ecc.) sono trascritte nelle chiavi di violino e di contralto e nell'ottava appropriata.*

Nelle Note critiche *l'altezza dei suoni viene così citata:*

do¹ —— si¹   do² —— si²   do³ —— si³   do⁴ —— si⁴   do⁵

Le armature di chiave sono modernizzate per intere composizioni o per singoli movimenti, e l'armatura di chiave originale è indicata nelle Note critiche. *L'edizione usa le seguenti chiavi: per le parti strumentali, le chiavi di violino, di contralto, di tenore e di basso secondo l'uso moderno; per le parti vocali, la chiave di violino, la chiave di violino tenorizzata e la chiave di basso. Le chiavi originali o i cambiamenti di chiave sono registrati nelle* Note critiche.

Per quanto concerne il trattamento delle alterazioni, le fonti settecentesche della musica di Vivaldi seguono l'antica convenzione secondo la quale le inflessioni cromatiche mantengono la loro validità solamente per il tempo in cui la nota alla quale è premessa l'alterazione è ripetuta senza essere interrotta da altri valori melodici, indipendentemente dalla stanghetta di battuta. Pertanto la traslitterazione nella notazione moderna comporta l'automatica aggiunta di certe alterazioni e la soppressione di altre. Inflessioni cromatiche non esplicite nella notazione della fonte originale, ma aggiunte dal curatore, sono segnalate, quando è possibile, nella partitura, mettendo tra parentesi l'alterazione o le alterazioni introdotte. Se la stessa alterazione è presente nell'armatura di chiave, ovvero appare precedentemente nella stessa battuta, mantenendo dunque, secondo le convenzioni moderne, la propria validità, l'intervento del curatore viene segnalato nelle Note critiche, *dove viene offerta la lezione originale.**

Il basso continuo per strumento a tastiera è notato su due righi. Il rigo superiore contiene la realizzazione del curatore stampata in corpo minore. Essa non è da intendersi tout-court come una parte per la mano destra, dato che alcune note potranno legittimamente essere intese per la mano sinistra dell'esecutore. Il rigo inferiore che, in quanto parte di basso si riferisce spesso non solo agli strumenti del continuo, ma a tutti gli strumenti gravi dell'orchestra, è fornito di tutte le numeriche del basso esistenti nell'originale, stampate sotto di esso. Queste numeriche possono essere, se necessario, corrette dal curatore, che tuttavia non ne aggiungerà di nuove. Le alterazioni sono apposte davanti alle numeriche cui si riferiscono e i tratti trasversali indicanti l'alterazione cromatica di una nota (δ) sono sostituiti dal diesis o dal bequadro corrispondenti. L'abbassamento di un semitono di una cifra del basso precedentemente diesizzata, è sempre indicata col segno di bequadro, anche se le fonti, talvolta, usano per lo stesso scopo il segno di bemolle. Le indicazioni « solo » e « tutti » nel basso, sempre in carattere minore se aggiunte dal curatore, si riferiscono a cambiamenti nella strumentazione della linea del basso, descritti più analiticamente nelle Note critiche. *Particolari figurazioni ritmiche nella linea del basso non devono necessariamente essere eseguite da tutti gli strumenti del continuo: così, veloci disegni in scala possono essere affidati ai soli strumenti ad arco; a sua volta il clavicembalo può suddividere in valori più brevi lunghe note tenute dal basso, dove questo si addica alla generale struttura ritmica del brano.*

Abbellimenti normalmente previsti dalle convenzioni esecutive dell'epoca vivaldiana sono aggiunti dal curatore tra parentesi rotonde se mancano nella fonte. Se la fonte indica o sottintende una cadenza, nelle Note Critiche *essa viene sottolineata come tale, ma di norma non se ne fornisce un modello.*

Quando si fa riferimento a note della fonte che, anche se interessate da un'inflessione cromatica, non sono precedute da alcuna alterazione (generalmente perché l'inflessione è prescritta dall'armatura di chiave), la parola o il simbolo per l'inflessione sono racchiusi tra parentesi.

General Preface

The guiding principles behind the new, critical edition of the works of Antonio Vivaldi are set out in detail in the *Editorial Norms* agreed by the Editorial Committee of the Istituto Italiano Antonio Vivaldi. We give below a summary which describes, in terms essential to the understanding of the score, the editorial principles adopted. The editon aims at maximum fidelity to the composer's intentions as ascertained from the sources in the light of the contemporary notational and performance practice.

The editorial method employed for single works or groups of works is described in the *Critical Notes*, which normally contain:

1. A statement of the origin and general characteristics of the compositions.
2. A list of sources, including literary sources when relevant.
3. A description of all the sources collated or consulted by the editor, including the most important modern editions.
4. An account and explanation of decisions about the text arising from the state of the sources and their interrelationship, and of solutions adopted for compositions presenting special problems, unless these are already covered in the *General Preface*. In particular, it will be made clear which source has been used as the *main source* of the edition, and which others have been *collated, consulted* or merely *listed*.
5. A discussion of performance practice in regard to the composition(s) published.
6. A critical commentary concerned with original readings and their interpretation, which lists all variations existing between the main source and the collated sources.

All instances of editorial intervention which go beyond simple transliteration of the old notation or which do not conform to a precise system of graphical conversion described below will be mentioned in the *Critical Notes* or shown by special signs:

1. Round brackets (for marks of expression or directions to the performer absent in the sources and added through horizontal or vertical assimilation; for editorial emendations where none of the sources, in the editor's judgement, provides a correct text).
2. Small print (to complete an underlaid text when some or all words are missing; for the editorial indications "solo" and "tutti"; for the realization for keyboard of the continuo).
3. Broken lines ‑‑‑‑‑‑‑. for slurs and ties added editorially.
4. Square half-brackets ⌐   ¬ for musical or literary text derived explicitly (by means of a cue) or implicitly from that on (or under) another staff.

Normally, the editor will intervene tacitly in the following cases:

I)   When a slur linking an appoggiatura to the main note is added. This applies also to groups of notes functioning as appoggiaturas.
II) When marks of articulation (e.g. staccato dots) are added to a series of similar marks by assimilation and the source leaves no doubt that this is intended.
III) When punctuation is corrected, normalized or modernized; the same applies to spelling and capitalization.
IV) When commonly-used abbreviations are resolved.
V)   When whole-bar rests absent in the source are added, there being no reason to think that a portion of musical text has inadvertently been omitted.
VI) When editorial rhythmic signs indicating a manner of performance are added.

The order of the instrumental parts in the score follows modern publishing practice.
Transposing notation in the original (for *violone, flautino,* horn) is retained in the edition; in the *Critical Notes* the interval of transposition of individual instruments (*violone* excepted) will be specified. Parts in "bassetto" notation (violins, violas, clarinets, chalumeaux, etc.) are written out in the appropriate octave using treble or alto clefs.

In the *Critical Notes*, the pitches are cited according to the following system:

C —— B   c —— b   c' —— b'   c" —— b"   c'''

The key signatures of whole compositions or individual movements are modernized where appropriate and the original key signature given in the *Critical Notes*. The edition employs the following clefs: for instrumental parts, treble, alto, tenor and bass clefs following modern usage; for vocal parts, treble, "tenor G" and bass clefs. Original clefs or clef changes are recorded in the *Critical Notes*.

In regard to the treatment of accidentals, the 18th-century sources of Vivaldi's music adhere to the old convention whereby chromatic inflections retain their validity for only so long as the note to which an accidental has been prefixed is repeated without interruption, irrespective of barlines. Conversion to modern notation thus entails the tacit addition of some accidentals and the suppression of others. Chromatic inflections not made explicit in the notation of the original source but supplied editorially are shown where possible in the score, the one or more accidentals entailed being enclosed in parentheses. If the same accidental is present in the key signature or appears earlier in the same bar, therefore remaining valid under the modern convention, the editorial intervention is recorded in the *Critical Notes*, where the original reading is given.*

The *basso continuo* for keyboard is notated on two staves. The upper staff contains the editorial realization. This should not be understood *tout court* as a part for the right hand, since certain notes may be intended for the performer's left hand. The lower staff, which as a bass part often has to be played not merely by continuo instruments but also by all the "low" instruments of the orchestra, includes all the bass figures present in the original, which are printed below it. Where necessary, these figures may be corrected by the editor, who will not add any new figures, however. Accidentals precede the figures to which they refer, and cross-strokes indicating the chromatic inflection of a note (♯) are replaced by the appropriate accidental. The lowering by a semitone of a previously sharpened bass figure is always indicated by the natural sign, although the sources sometimes use the flat sign synonymously. The indications "solo" and "tutti" in the bass, always in small print if editorial, call for changes in the instrumentation of the bass line, which are described more specifically in the *Critical Notes*. Rhythmic figurations in the bass line are not necessarily meant to be performed on all participating instruments; thus, rapid scales may be left to the stringed bass instruments, while the harpsichord may split sustained bass notes into shorter values, where this conforms to the general rhythm of the piece.

Embellishments normally required by the performing conventions of Vivaldi's age are supplied editorially, appearing in round brackets, if absent in the source. If the source indicates or implies a cadenza, this will be pointed out in the *Critical Notes*, but normally no specimen of one will be supplied.

---

*When reference is made to notes of the source that, although chromatically inflected, are not themselves preceded by any accidental (usually because the inflection is prescribed by the key signature), the word or symbol for the inflection is enclosed in parentheses.

Tremori al braccio e lagrime sul ciglio
Cantata per soprano e basso continuo RV 799

(Recitativo)

Tre-mo-ri al brac-cio e la-gri-me sul ci-glio, So - spi - ri al lab-bro, al

vol-to mio pal-lo - re, In sua mu-ta fa-vel - la Par-lan te-co, o mia bel-la,

ed a quel co - re Che que-st'a-ni-ma a-do-ra L'av-vi-so del mio a-mor non giun-se an-

2

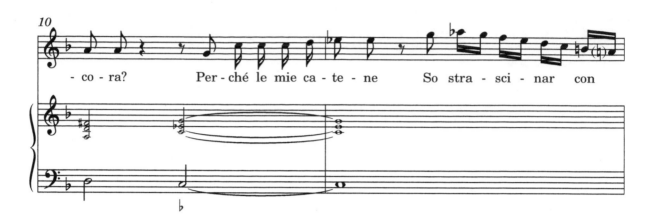

-co - ra? Per - ché le mie ca - te - ne So stra - sci - nar con

ar - te, ac - ciò il ru - mo - re Non si sen - ta de' cep - pi Che mi strin - go - no il co - re, Il

ci - glio del mio ben non le ri - mi - ra, E per - ché ta - ce il lab - bro, A - mor se'n

ri - de, A - mor se'n ri - de e non m'in - ten - de El - vi - ra.

3

Andante

Quan-do

chia - mi dol - ce e ca - ra Quel l'au-ret - ta che re - spi - ri, Tu fa-

- vel - li a' miei so - spi - ri, Tu fa - vel - li a' miei so - spi - ri, Ma quel

co - - - - - re non lo sa.

Quan - do

chia - mi dol-ce e ca - - - - - ra, Quan - do

chia - mi dol-ce e ca - - - - ra Quel l'au-

-ret-ta che re-spi-ri, Tu fa-vel-li a' miei so-spi-ri, Tu fa-

-vel-li a' miei so-spi-ri, Ma quel co - - -

(segue)

- - - - re non lo sa, Ma quel co - -

re non lo sa.

Per-ché

so - no le ru - gia - de Che tu ba - ci su l'er - bet - te Sco - no -

-sciu - te la - gri - met - te, Non m'im-pe - - -

tra - no pie-tà. Per-ché so-no le ru-

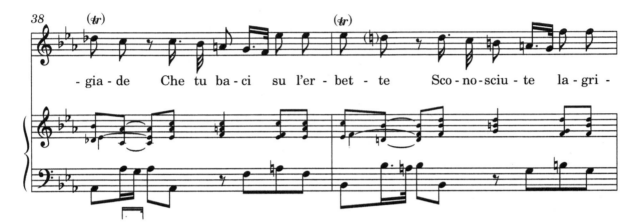

-gia-de Che tu ba-ci su l'er-bet - te Sco-no-sciu-te la-gri-

-met-te, Sco-no-sciu-te la-gri - met-te, Non m'im - pe -

- tra-no pie-tà.

Da Capo

8

(Recitativo)

Ah, no, mia ca-ra El - vi - ra, Ch'u-na fiam-ma sì gran - de Se - pol - ta non può star nel-l'al-ma mi - a. Io t'a - mo, ed è sì for - te Que - sto pu - ro a-mor mi - o Che se di te non pen-so, O che vi-vo non so-no, o non son i - o.

Grave

Quel-lo che sen-ti, o bel-la, che sen - ti, o bel - la, Scher-za - - -

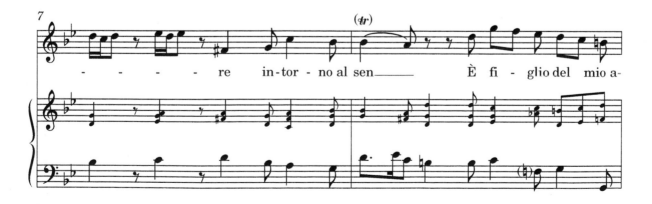

- - - re in-tor - no al sen_____ È fi - glio del mio a-

- mor, È fi - glio del mio a-mor, È un mio so - spi - ro, un mio ___ so-spi -

- ro. Quel-lo che sen-ti, o bel - la,

Quel - lo che sen - ti, o bel - la, Scher - za - - - - -

- - re in-tor - no al sen È fi - glio del mio a-mor, ___ È

fi-glio del mio a-mor, È un mio so - spi - ro, È un mio so - spi - ro, È

fi - glio del mio a-mor, È un mio so-spi - ro.

Ti

prie - ga e pur non sa_____ S'a - mo - re o cru - del-tà,_____ S'a-

Da Capo

Note critiche

La cantata *Tremori al braccio e lagrime sul ciglio*, RV 799, per soprano e basso continuo, è pervenuta esclusivamente attraverso una copia manoscritta conservata a Vienna presso la biblioteca della Gesellschaft der Musikfreunde (alla quale è pervenuta almeno dal 1965), con la segnatura: VI 61340. Tale fonte[1] è costituita da un fascicolo di quattro carte, alle quali corrispondono cinque pagine di notazione musicale; le ultime tre pagine (cc. 3v e 4) sono prive di notazione musicale; la cantata termina sul sistema più basso di c. 3r. L'inchiostro è di colore marrone scuro, la carta – in quarto oblungo – presenta la generica filigrana, di origine veneta, costituita da tre mezze lune e misura cm. 29,8 per 21,8. Quasi al centro della prima pagina (leggermente spostata a destra), sulla parte superiore del foglio, appare l'iscrizione «Cantata» seguita dall'attribuzione «Del S.ʳ D. Ant.º Viualdi». Anche se alla fine dell'ultima aria non compare l'indicazione «Finis», le tre pagine vuote finali e il fatto che la cantata presenti nel suo insieme, sia dal punto di vista musicale, sia da quello testuale, una struttura coerente, danno la certezza che l'opera è giunta nella sua integrità. Un dato ulteriore che depone a favore dell'autenticità della cantata è il fatto che il copista può essere identificato con il cosiddetto «scriba 4», cioè con Giovanni Battista Vivaldi, il padre del compositore. Originariamente il lavoro occupava il secondo posto in una piccola raccolta di cantate per soprano e basso continuo (successivamente separate e conservate nella stessa biblioteca) che comprendeva *Nice, quella severa amabil ninfa* e *Filli gentil, nel tuo bel fior degli anni* di Attilio Ariosti[2] e *E come, e dove, e quando* di Emanuele d'Astorga.[3]

La cantata RV 799 sembra appartenere al gruppo di cantate riferibili agli anni 1718-1720, periodo nel quale Vivaldi esplicò a Mantova le funzioni di maestro di cappella presso la corte del principe Philipp von Hessen-Darmstadt (le altre undici cantate «mantovane» sono RV 649, 652, 653, 654, 658, 659, 661, 665, 680, 685 e 686).[4] Il testo cita infatti con il nome arcadico di Elvira la pastorella del quale il protagonista della cantata è infelicemente innamorato. Il nome di Elvira ricorre in altre due cantate del periodo mantovano, RV 654 e RV 680 (ambedue pervenute in manoscritti vergati dallo «scriba 4»). Il collega Michael Talbot[5] ipotizza la possibile esistenza presso la corte mantovana di un'accademia, o più semplicemente di un salotto letterario-musicale, all'interno del quale i personaggi di corte possedevano un nome arcadico. Una chiave parziale potrebbe venire dalla *Serenata a 4 voci*, RV 692 (Mantova, 1726; la sua musica è perduta), nella quale i cantanti (nobili membri della corte) sembrano portare ciascuno il proprio nome «accademico». Essi menzionano un Daliso, che è il principe Filippo: e questo stesso Daliso compare nelle due cantate a voce sola RV 662 e RV 665. La seconda risale al periodo mantovano, mentre la prima si colloca all'inizio del decennio 1730-1740 (ma può trattarsi di una copia di molto posteriore alla composizione oppure Vivaldi può avere riutilizzato un testo risalente agli anni di Mantova). Se l'ipotesi di Talbot è corretta il personaggio di Elvira può nascondere una dama della corte di Filippo. L'esistenza di un'accademia o di un salotto letterario-musicale presso la corte mantovana può essere suffragata anche dal fatto che una cantata di questo periodo (*Nel partir da te, mio caro*, RV 661) appare da una serie di indizi di carattere paleografico e stilistico – come chi scrive ha notato –[6] quale frutto di un'intonazione estemporanea: qualcuno – come era costume – improvvisò i versi, che Vivaldi mise subito dopo in musica.

Un'ultima osservazione può essere fatta a proposito della modificazione del tempo originario della prima aria di questa cantata: il tempo «Grave» appare cancellato nel manoscritto e sostituito – nella calligrafia dello stesso Vivaldi – con «Andante». La sostituzione di uno stacco di tempo originale con uno più veloce è in genere caratteristico di revisioni attuate da Vivaldi in un periodo successivo alla composizione. Non si può tuttavia escludere che in questo caso

14

Vivaldi volesse semplicemente evitare che la stessa cantata ospitasse due arie in tempo lento (la seconda aria è marcata infatti «Largo»).

Il testo poetico, anonimo e di modesto valore letterario, presenta la forma RARA. Le due arie sono costituite rispettivamente da due strofe di quattro ottonari ciascuna e da due strofe di tre settenari e un quinario.

Entrambe le arie della cantata RV 799 prevedono il consueto *da capo*; ciò significa che la prima parte di ogni aria (prima aria, bb. 1-31, primi tre tempi; seconda aria, bb. 1-27, primi tre tempi) deve essere intonata due volte. Poiché non abbiamo modificato in nulla il testo di Vivaldi, pare opportuno avvertire che la corona posta sul terzo tempo della b. 31 nella prima aria, e sul terzo tempo della b. 27 nella seconda, deve essere considerata, nella prima intonazione, come inesistente. Similmente, la corona posta alla fine della seconda parte di ciascuna aria (rispettivamente alle bb. 43 e 38) ha un valore relativo e non assoluto; spetta all'interprete determinare giudiziosamente la durata dell'ultima nota precedente il *da capo*, tenendo anche conto del carattere tetico o anacrusico dell'inizio dell'aria.

Per quanto riguarda l'interpretazione, occorrerà appena ricordare la necessità di una ripresa variata dei *da capo* (il che non esclude la moderata introduzione di abbellimenti e fioriture anche nelle altre parti dell'aria). Punti opportuni per l'introduzione di eventuali cadenze paiono il secondo tempo della b. 27 e il secondo tempo della b. 43 nella prima aria; il secondo tempo della b. 23 e il secondo tempo della b. 38 nella seconda aria. I recitativi andranno interpretati con molta scioltezza e libertà ritmica. Si raccomanda di iniziare i trilli con una chiara appoggiatura superiore.

Per quanto concerne gli strumenti del basso continuo, dovrebbero comprendere un violoncello e un clavicembalo (che può alternarsi o unirsi a uno strumento a pizzico come la tiorba). La realizzazione che qui si offre del basso continuo (pensata per il clavicembalo) è ovviamente una delle molte possibili, ed è da intendersi come proposta non vincolante, che l'interprete potrà elaborare o modificare a piacere. Mentre nelle arie l'elaborazione del basso continuo ha una relativa completezza, nei recitativi si propone esclusivamente di suggerire all'interprete lo schema armonico del basso (il tipo di accordo, non la modalità della sua esecuzione, che dovrà conformarsi alle fantasiose convenzioni della prassi esecutiva del primo Settecento). Altre avvertenze concernenti la prassi esecutiva sono contenute nella Prefazione generale.

Trascriviamo il testo della cantata:

I *Recitativo*:   Tremori al braccio e lagrime sul ciglio,
sospiri al labbro, al volto mio pallore,
in sua muta favella
parlan teco, o mia bella, ed a quel core
che quest'anima adora
l'avviso del mio amor non giunse ancora?
Perché le mie catene
so strascinar con arte, acciò il rumore
non si senta de' ceppi
che mi stringono il core,
il ciglio del mio ben non le rimira,
e perché tace il labbro
Amor se'n ride e non m'intende Elvira.

II *Aria*:

Quando chiami dolce e cara
quell'auretta che respiri,
tu favelli a' miei sospiri,
ma quel core non lo sa.

Perché sono le rugiade
che tu baci su l'erbette
sconosciute lagrimette,
non m'impetrano pietà.

III *Recitativo*:

Ah no, mia cara Elvira,
ch'una fiamma sì grande
sepolta non può star nell'alma mia.
Io t'amo, ed è sì forte
questo puro amor mio
che se di te non penso,
o che vivo non sono, o non son io.

IV *Aria*:

Quello che senti, o bella,
Scherzare intorno al sen
È figlio del mio amor,
È un mio sospiro.

Ti priega e pur non sa
S'amore o crudeltà
Speri dal tuo bel cor
Il mio martiro.

Apparato critico

Movimento, battuta	strumento voce	
I, 1	Soprano, Basso	Armatura di chiave: 1 bemolle.
I, 10	Soprano	Il punto interrogativo dopo la parola «ancora» non è vergato chiaramente nel manoscritto, in quanto unito con lo stesso tratto di penna all'ultima vocale della parola («a»), ma è confermato dall'intonazione vivaldiana, con la cadenza sospesa sulla dominante.
II, 1	Soprano, Basso	Indicazione di tempo: «And.ᵗᵉ», che sostituisce una precedente indicazione di «Largo», cancellata con due tratti di penna orizzontali. Armatura di chiave: 2 bemolli.
II, 1-2	Basso	Note 9-10 della b. 1 e 1-3 della b. 2, in chiave di tenore.
II, 9	Soprano	Le ultime due note scritte, per errore, come croma puntata e semicroma.
II, 12-13	Basso	Note 9-10 della b. 12 e 1-3 della b. 13, in chiave di tenore.

II, 14	Basso	Qui e di seguito in altri passi le note 2-3 e 5-6 sono notate come due semicrome, anziché come semicroma puntata e biscroma; ma è evidente che deve essere mantenuto l'andamento ritmico ineguale.
II, 28-29	Basso	Note 9-10 della b. 28 e 1-3 della b. 29, in chiave di tenore.
II, 32-33	Basso	Note 9-10 della b. 32 e 1-3 della b. 33, in chiave di tenore.
II, 38	Basso	Nota 4 senza bemolle.
III, 1	Soprano, Basso	Armatura di chiave: 2 bemolli.
IV, 1	Soprano, Basso	Armatura di chiave: 1 bemolle.
IV, 8	Basso	Note 1-6 in chiave di tenore.
IV, 9	Basso	Note 1-5 in chiave di tenore.

Note

[1] Il curatore ha condotto questa edizione su una fotocopia e pertanto non ha potuto esaminare direttamente la fonte. Sono grato al collega Olivier Fourés, scopritore della fonte, per avermi fornito i dati paleografici ed altre informazioni sul manoscritto.

[2] Si veda la voce *Ariosti, Attilio*, di J. L. JACKMAN e D. LIBBY, in S. SADIE (a cura di), *The New Grove Dictionary of Music and Musicians*, London, Macmillan, 1980, Vol. 1, p. 584.

[3] Si veda la dissertazione di K. S. LADD, *The Solo Cantatas of Emanuele d'Astorga*, Ohio State University, 1982 (UMI, 1986), pp. 257-258. La cantata *E come, e dove, e quando* è riprodotta fotostaticamente alle pp. 172-177 dal manoscritto *GB-Lbl*, Add. Ms. 31638, cc. 17-21.

[4] Per una cronologia delle cantate, si veda A. VIVALDI, *Cantate per Soprano, Vol. I, Cantate per Soprano e Basso continuo*, edizione critica a cura di F. DEGRADA, Milano, Ricordi, 1997, pp. 247-248.

[5] Ringrazio l'amico Michael Talbot per avermi comunicato per lettera questa ipotesi.

[6] A. VIVALDI, *Cantate per Soprano*, cit., pp. 260-261.

Antonio Vivaldi
Tremori al braccio e lagrime sul ciglio
Cantata per soprano e basso continuo RV 799
Edizione critica di Francesco Degrada

basso

(Recitativo)

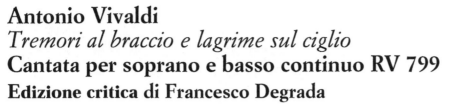

Andante

2

(segue)

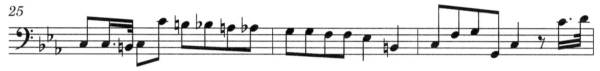

Da Capo

(Recitativo)

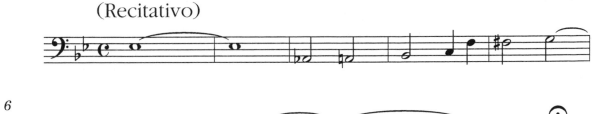

Grave

6

3

5

8

10

13

15

4

17

20

23

25

27

30

32

34

36

Da Capo

Critical Notes

The cantata Tremori al braccio e lagrime sul ciglio, *RV 799, for soprano and continuo, has come down to us only in a manuscript copy preserved in the library of the Gesellschaft der Musikfreunde, Vienna (to which it passed at least by 1965), where its shelfmark is VI 61340. The source consists of a gathering of four folios, of which five sides contain musical notation; the last three pages (fols 3v and 4 are void of musical notation; the cantata ends on the lowest system of fol. 3r) .[1] The colour of the ink is dark brown and the paper, measuring 29.8 by 21.8 cm in quarto oblong format, exhibits the generic watermark, originating from the Venetian state, of three crescents. At the top of the first page, slightly right of centre, appears the heading "Cantata", followed by the attribution "Del S.ʳ D. Ant.º Viualdi". Although the indication "Finis" does not appear at the end of the last aria, the fact that, viewed as a whole, the cantata is structurally coherent with regard to both its literary and its musical text establishes beyond doubt that the work has survived in complete form. A further fact that tends to confirm the cantata's authenticity is that its copyist is the so-called "Scribe 4", who has been identified as Giovanni Battista Vivaldi, the composer's father. The work originally occupied second place in a short collection of cantatas for soprano and continuo (later broken up into its component pieces, all of which are preserved in the same library) otherwise comprising* Nice, quella severa amabil ninfa *and* Filli gentil, nel tuo bel fior degli anni *by Attilio Ariosti,[2] and* E come, e dove, e quando *by Emanuele d'Astorga.[3]*

The cantata RV 799 appears to belong to a group of cantatas dating from the years 1718-1720, a period during which Vivaldi acted as maestro di cappella *to the court at Mantua of Prince Philip of Hesse-Darmstadt (the other eleven "Mantuan" cantatas are RV 649, 652, 653, 654, 658, 659, 661, 665, 680, 685 and 686).[4] Indeed, the poetic text gives the Arcadian name of Elvira to the shepherdess with whom the protagonist of the cantata is unhappily in love. This name "Elvira" recurs in two other cantatas of the Mantuan period: RV 654 and RV 680 (both of which were written out by "Scribe 4"). My colleague Michael Talbot has conjectured that at the Mantuan court there was an academy, or perhaps merely a literary-musical salon, in which members of the court used an Arcadian name.[5] A partial clue is provided by the* Serenata a quattro voci, *RV 692 (Mantua, 1726 – its music is lost), in which the singers (identified in the libretto as noble members of the court) all appear to use their own "academic" name for the character they portray. They make mention of a certain Daliso, who is Prince Philip; and this same Daliso reappears in the two cantatas for solo voice RV 662 and RV 665. The latter dates from the Mantuan period, while the former can be placed around the beginning of the 1730s (but the copy transmitting it may be much later than the composition, or else Vivaldi may have re-used a literary text going back to the Mantuan years). If Talbot's conjecture is correct, the character Elvira is a coded reference to a lady at Philip's court. The existence of an academy or musical-literary salon at the Mantuan court receives additional support from the fact that one cantata from this period (*Nel partir da te, mio caro, *RV 661) seems from a series of paleographical and stylistic indices – as the present writer has noted –[6] to have come into being through extemporisation: someone improvised the verse, as was then customary, and Vivaldi set it to music immediately.*

A final observation can be made concerning the change made to the original tempo marking of the first aria of this cantata: in the manuscript "Grave" has been struck out and replaced in the composer's own hand by "Andante". The replacement of an original tempo direction by a faster one is commonly encountered in subsequent revisions carried out by Vivaldi. In the present case the composer may simply have wished to avoid placing two arias in slow tempo (the second is marked "Largo") within the same cantata.

Based on an anonymous text of modest poetic worth, the cantata has the structure RARA. The first aria consists of two stanzas, each comprising four ottonari *(eight-syllable lines); the second has two stanzas, each made up of three* settenari *(seven-syllable lines) and one* quinario *(eight-syllable line).*

Both arias of the cantata RV 799 exhibit the customary da capo; *this means that the first section of each aria (first aria, bars 1-31, third beat; second aria, bars 1-27, third beat) has to be sung twice. Since we have refrained from altering Vivaldi's musical text in any way, it may help to point out that the fermata over the third beat of bar 31 in the first aria, and over the third beat of bar 27 in the second, should be ignored the first time round. Similarly, the fermata at the end of the second section of both arias (bars 43 and 38 respectively) has a relative, not absolute, value; it is up to the interpreter to use his good sense in determining the duration of the last note before the* da capo, *also taking account of whether the aria opens on a strong beat or an upbeat.*

As regards the interpretation, it is hardly necessary to remind performers of the need to vary da capo *reprises (which does not exclude the moderate application of embellishments and* fioriture *to the other sections of the aria as well). Suitable points for the possible introduction of cadenzas seem to be the second beat of bar 27 and the second beat of bar 43 in the first aria, and the second beat of bar 23 and the second beat of bar 38 in the second aria. The recitative has to be sung with great facility and rhythmic freedom. It is recommended to begin trills with a distinct upper appoggiatura.*

As for the continuo instruments, they should comprise a cello and a harpsichord (which may alternate with, or be reinforced by, a plucked instrument such as a theorbo). The realization offered here, conceived for harpsichord, is to be regarded as a non-obligatory suggestion that the performer is free to elaborate or change at pleasure. While the continuo realization in the arias is relatively complete as it stands, that in the recitatives aims only to convey to the performer the harmonic implications of the bass (the species of chord, not the modalities of its performance, which will have to conform to the richly imaginative conventions of the early eighteenth century). Other remarks on performance practice are contained in the General Preface.

The text of the cantata is given in the Italian version of these notes.

Critical Commentary

movement, bar	instrument, voice	
I, 1	Soprano, Basso	*Key signature of one flat.*
I, 10	Soprano	*The question mark after the word "ancora" is not shown clearly in the manuscript, since it is drawn with the same stroke of the pen as the last vowel of that word ("a"), but Vivaldi's setting, which ends the phrase with a half-close, confirms this interpretation.*
II, 1	Soprano, Basso	*Tempo marking "And.ᵗᵉ", replacing a previous "Largo", deleted with two horizontal pen-strokes. Key signature of two flats.*
II, 1-2	Basso	*Notes 9-10 of bar 1 and 1-3 of bar 2 in the tenor clef.*
II, 9	Soprano	*The two last notes are written in error as a dotted quaver and semiquaver.*
II, 12-13	Basso	*Notes 9-10 of bar 12 and 1-3 of bar 13 in the tenor clef.*
II, 14	Basso	*Here, and in later passages, notes 2-3 and 5-6 are notated as two semiquavers instead of dotted semiquaver and demisemiquaver; but*